Lustige Mützen & Hüte häkeln

Dass Mützen nur dazu da sind, um den Kopf warm zu halten, ist wirklich ein alter Hut. Denn trendige, individuelle Kopfbedeckungen kann man (fast) zu jeder Gelegenheit tragen: in der Disco, zum Abendkleid, zum Sommeroutfit mit Luftlöchern, zu Karneval oder Halloween ebenso wie für lustige Parties und edle Feste oder auch einfach nur als witziges Accessoire für die gute Laune.

Das Häkeln mit Effektgarnen und dicken Nadeln geht schnell und einfach und macht riesigen Spaß. Die Modelle werden vorwiegend aus festen Maschen gehäkelt und lassen sich anhand der ausführlichen Anleitungen und detailgenauen Häkelschriften leicht umsetzen.

Das Ergebnis kann sich sehen lassen!

Viel Spaß beim Häkeln und gutes Gelingen wü

Ihre

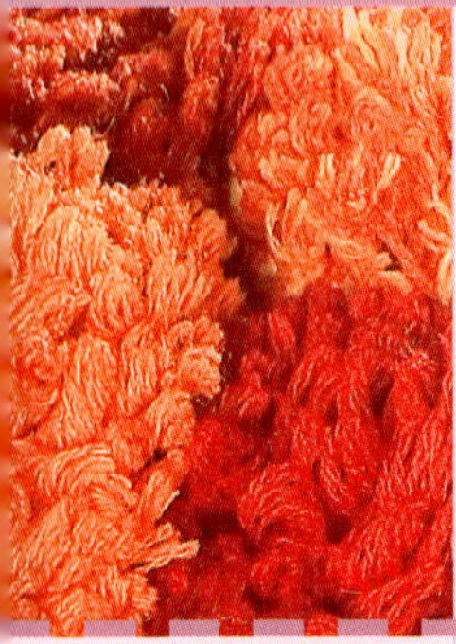

Feuerball – im Auftrag Ihrer Majestät

→ auch im Schwarzwald gern gesehen

KOPF-UMFANG
ca. 60 cm

MATERIAL
- Schachenmayr Boston Multi Color in Vesuv Color (Fb 183), 100 g und in Orange Color (Fb 181), 50 g
- Schachenmayr Boston in Weinrot (Fb 31), Kürbis (Fb 26) und Feuer (Fb 30), je 50 g
- Häkelnadel Nr. 6
- Pappe für Pompons

SCHEMA-ZEICHNUNG AUF DER UMSCHLAG-KLAPPE

Basismütze

66 Lm mit Vesuv Color anschl und zum Ring schließen.
1.-13. Rd: nur fM häkeln
14.-20. Rd: abwechselnd 3 fM häkeln, dann 2 fM zushäkeln. Am Ende der 20. Rd = 16 M.
21. Rd: 1 fM häkeln, dann 2 fM zushäkeln, bis die Mütze geschlossen ist (auf diese Weise entsteht ein ca. 3 cm hoher Zipfel, auf dem später der erste Pompon befestigt wird).
Faden abschneiden.

Rand

Nun mit Orange Color den Rand anhäkeln.
1. Rd: von der linken Seite ausgehend 59 fM in den Rand der Basismütze häkeln (= 7 fM häkeln, dann 2 fM zushäkeln).
2.-5. Rd: nur fM häkeln
Den Faden abschneiden. Den Rand nach außen schlagen und mit Boston Multi Color in Orange Color annähen.

Pompons

Nun 17 große Pompons (4x in Kürbis, 4x in Orange Color, 4x in Weinrot, 3x in Feuer und 2x in Vesuv Color) von ca. 10 cm ø anfertigen (siehe Allgemeine Erklärungen). Anschließend 16 kleine Pompons (4x in Kürbis, 4x in Orange Color, 4x in Weinrot und 4x in Feuer) von ca. 7 cm ø anfertigen. Damit die Pompons alle gleich groß werden, am besten vorher für die großen Pompons jeweils 6 m, für die kleinen Pompons je 4 m Garn abmessen.

Die Pompons nun wie folgt auf der Basismütze festnähen (siehe Schemazeichnung): Begonnen wird mit einem großen Pompon in Feuer. Dieser wird an dem angehäkelten Zipfel befestigt. Dann werden 2 große Pompons in Weinrot und 2 große in Orange Color sich gegenüberliegend angebracht, so dass der Pompon aus Feuer innen liegt. In die entstandenen Lücken der Reihe nach immer 2 sich gegenüberliegende Pompons der gleichen Farbe befestigen. Am Rand werden die kleinen Pompons verwendet. Die letzten kleinen Pompons direkt über dem angehäkelten Rand anbringen.

Pop is king

→ Flower-Power am Kopf

KOPF-UMFANG
ca. 60 cm

MATERIAL

- Schachenmayr Hip Hop in Papagei Color (Fb 80), 75 g
- Schachenmayr Extra Merino in Flieder (Fb 42), 100 g
- Häkelnadel Nr. 4 und 6
- Stoffblüte in Orange

Mützendeckel

Für das obere Mützenteil mit Häkelnd Nr. 6 und Hip Hop in Papagei Color (Fb 80) 4 Lm anschl und zum Ring schließen.

1. Rd: 8 fM in den Ring häkeln, dann in Spiral-Rd weiterhäkeln

2. Rd: abwechselnd 1 fM häkeln, dann 1 M zun (= 2 fM in eine M häkeln) = 12 M

3. Rd: jeweils 2 fM in eine M häkeln = 24 M

4.+5. Rd: abwechselnd 1 fM häkeln, dann 1 M zun. Am Ende der 5. Rd = 54 M

6. Rd: nur fM häkeln

7.+8. Rd: abwechselnd 1 fM häkeln, dann 1 M zun. Am Ende der 8. Rd = 121 M

9.-11. Rd: nur fM häkeln

12.-14. Rd: abwechselnd 2 fM häkeln, dann 2 M zushäkeln. Am Ende der 14. Rd = 52 M

15. Rd: nur fM häkeln

Rand

Mit Häkelnd Nr. 4 und doppeltem Faden aus Extra Merino in Flieder von der rechten Seite ausgehend 95 fM in den Mützenrand häkeln und weitere 16 R nur fM häkeln. Den Rand zur Hälfte nach innen schlagen und mit einem Faden Extra Merino annähen. Zum Schluss die Stoffblüte an den Rand nähen.

Tipp: Den Anfang der Spiral-Rd mit einem Kontrastfaden markieren, damit erkennbar ist, wann die nächsten Rd beginnen.

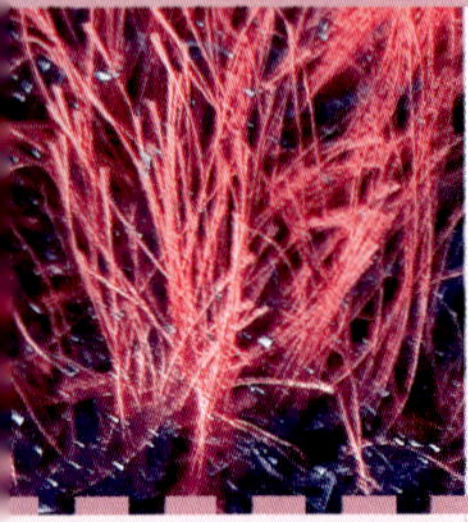

Saturday Night Fever

→ für Disconächte und Partys

KOPF-UMFANG
ca. 59 cm

MATERIAL
- Schachenmayr Brazilia Lungo in Pink (Fb 236), 100 g
- Schachenmayr Brazilia Lamé in Royal (Fb 83), 100 g
- Schachenmayr Extra Merino in Pink (Fb 34), 50 g
- Häkelnadel Nr. 3 und 6

Mütze

Die Mütze wird mit doppeltem Faden aus Brazilia Lungo in Pink und Brazilia Lamé in Royal gehäkelt. Dafür 54 Lm mit Häkelnd Nr. 6 anschl und zum Ring schließen.

1.-12. Rd: fM häkeln

13.-15. Rd: abwechselnd 3 fM häkeln, dann 2 fM zushäkeln. Am Ende der 15. Rd = 29 M

16.+17. Rd: abwechselnd 2 fM häkeln, dann 2 fM zushäkeln. Am Ende der 17. Rd = 17 M

ab 18. Rd: abwechselnd 1 fM häkeln, dann 2 fM zushäkeln, bis die Mütze geschlossen ist.

Die Mütze anschließend wenden, weil die Innenseite flauschiger und schöner ist.

Rand

Für den Rand werden zunächst die Garne Extra Merino in Pink und Brazilia Lamé in Royal zus verarbeitet.

1. Rd: Mit Häkelnd Nr. 3 von der linken Seite ausgehend 86 fM in den Mützenrand häkeln (dafür abwechselnd 1 fM in eine M häkeln, dann 2 fM in eine M)

2.+3. Rd: nur fM häkeln

Jetzt den Brazilia-Faden abschneiden und nur mit Extra Merino weiterhäkeln, darum müssen einige M zugenommen werden.

4. Rd: abwechselnd 6 fM häkeln, dann 1 M zun (= 2 fM in eine M häkeln) = 98 M

5.-11. Rd: nur fM häkeln.

Den rosafarbenen Rand nach innen schlagen und mit Extra Merino in Pink annähen.

Ein Sommermärchen

→ 1:0 für Sonnenblumen

KOPF-UMFANG
ca. 60 cm

MATERIAL
- Schachenmayr Livello in Sonne (Fb 22), 100 g und in Sand (Fb 03), 50 g
- Schachenmayr Sportic in Grün (Fb 72), 100 g und in Grizzly (Fb 12), 50 g
- Häkelnadel Nr. 4 und 5
- 28 Holzperlen in Braun, ø 1 cm, 8 mm und 5 mm

Mütze

Mit Häkelnd Nr. 5 und Sportic in Grün 75 Lm anschl und zum Ring schließen.
1.-12. Rd: fM häkeln
13.-15. Rd: abwechselnd 6 fM häkeln, dann 2 fM zushäkeln. Am Ende der 15. Rd = 51 M
16.+17. Rd: jetzt mit Sportic in Grizzly weiterarbeiten. Abwechselnd 5 fM häkeln, dann 2 fM zushäkeln. Am Ende der 17. Rd = 38 M
18.-21. Rd: abwechselnd 3 fM häkeln, dann 2 fM zushäkeln. Am Ende der 21. Rd = 16 M
ab 22. Rd: immer 2 fM zushäkeln, bis die Mütze geschlossen ist.

Blütenblatt (7x häkeln)

Mit Häkelnd Nr. 4 und doppeltem Faden aus Livello in Sonne 11 Lm anschl.
1.+2. R: fM häkeln
3. R: am Anfang und am Ende der R jeweils 1 M zun (=13 M)
4.+5. R: fM häkeln
6. R: wie 3. R häkeln (=15 M)
7.+8. R: fM häkeln
9. R: wie 3. R häkeln (=17 M)
10.-16. R: R: fM häkeln
17.-22. R: am Anfang und am Ende der R jeweils 1 M abn (= 5 M).
Mit Häkelnd Nr. 4 und doppeltem Faden aus Livello in Sand jedes Blütenblatt mit 1 Rd fM umhäkeln (in die 2 Ecken werden jeweils 3 fM gehäkelt). Nun die Blütenblätter zushäkeln: Die 7 Blütenblätter kreisförmig zuslegen

WEITERFÜHRUNG

Ein Sommermärchen

und an den Ecken ca. 3 cm überlappen lassen. Die Blätter zusheften und den nun gebildeten Innenkreis mit fM in Sportic Grizzly und Häkelnd Nr. 4 umhäkeln, so dass alle Blütenblätter zusgehäkelt sind und ein Blütenblätterkreis entstanden ist, der den gleichen Durchmesser haben muss wie das braune Oberteil der Mütze.
Mit Grizzly in Höhe des Überganges von Grün zu Braun wird der Blütenblätterkreis an die Mütze genäht.

Rand

Mit Häkelnd Nr. 5 und Sportic in Grizzly von der linken Seite ausgehend 75 fM in den Rand der Mütze häkeln und weitere 4 Rd fM häkeln. Den Rand nach außen schlagen und mit Sportic in Grizzly festnähen.

Fertigstellen

Die 28 Holzperlen werden mit Sportic in Grizzly auf den oberen, braunen Bereich der Mütze genäht, so dass die Perlen über die gesamte Fläche verteilt sind.

Mein kleiner grüner Kaktus

→ mal ganz weich

KOPFUMFANG
ca. 56 cm

MATERIAL
- Schachenmayr Federo in Limonengrün (Fb 71), 200 g
- Schachenmayr Extra Merino in Schwarz (Fb 99), 50 g
- Häkelnadel Nr. 3 und 8
- Schaumgummi, ca. 1 cm dick, ø 21,5 cm

Mützendeckel

Für das obere Mützenteil mit Häkelnd Nr. 8 und Federo in Limonengrün 4 Lm anschl und zum Ring schließen.
1. Rd: 9 fM in den Ring häkeln
2.-4. Rd: in Spiral-Rd abwechselnd 1 fM häkeln, dann 1 M zun (also 2 fM in 1 M häkeln). Am Ende der 4. Rd = 28 M
5. Rd: abwechselnd 2 fM häkeln, dann 1 M zun = 37 M
6.+7. Rd: nur fM häkeln
8.+9. Rd: abwechselnd 5 fM häkeln, dann 1 M zun. Am Ende der 9. Rd = 50 M
10.-13. Rd: abwechselnd 4 fM häkeln, dann 2 fM zushäkeln. Am Ende der 13. Rd = 25 M
14.-21. Rd: nur fM häkeln

Rand

Mit Häkelnd Nr. 3 und Extra Merino in Schwarz den Rand anhäkeln.
22. Rd: von der rechten Seite aus in jede vorherige fM (aus Federo) 3 fM aus Extra Merino häkeln = 75 M
23.-31. Rd: nur fM häkeln
Den Rand nach innen schlagen und mit Extra Merino annähen.

Fertigstellen

Um die graphische Form der Mütze zu betonen, einen runden Schaumstoff- oder Pappdeckel mit einem Durchmesser von 21,5 cm in die Mütze legen.

Vielen Dank für die Blumen ...

→ kuscheliges Kopftuch

EINHEITS-GRÖSSE

MATERIAL

- Schachenmayr Dacapo in Jeans (Fb 52), 50 g
- Schachenmayr Hip Hop in Aqua Color (Fb 87), 25 g
- Häkelnadel Nr. 4 und 6
- 3 Stoffblüten, farblich passend

SCHEMA-ZEICHNUNG AUF DER UMSCHLAG-KLAPPE

Bindeband

Mit Häkelnd Nr. 4 und Dacapo in Jeans 150 Lm anschl und 3 R fM häkeln.

Kopftuch

Mit Häkelnd Nr. 4 und Dacapo in Jeans vom Bindeband 50 M rechts und 50 M links stehen lassen und nur die mittleren 50 M für das Kopftuch behäkeln.
1. R: fM häkeln
2. R: abwechselnd 1R fM häkeln, dann in der folgenden R am Anfang und am Ende je 1 fM abn (=in jeder 2. R 2 M abn).
So oft wiederholen, bis nur noch 1 M übrig ist und den Faden abschneiden.

Fertigstellen

Das Kopftuch mit Häkelnd Nr. 6 und Hip Hop in Aqua Color mit fM umhäkeln, so dass das Kopftuch mit 2 Rd fM und das Bindeband mit 1 Rd fM (s. Schemazeichnung) umhäkelt ist. Die Stoffblüten aufnähen.

Schlaufen-Scharmützel aus den Zwanzigern

→ ein Haufen Schlaufen? – Sitzt wie eine zweite Frisur

KOPF-UMFANG
ca. 56 cm

MATERIAL
- Schachenmayr Rosato in Sisal (Fb 05), 50 g
- Schachenmayr Micro Color in Wüste (Fb 12), 100 g
- Häkelnadel Nr. 3
- Brosche

Basismütze

Mit Rosato in Sisal 88 Lm anschl und zum Ring schließen.
1.+2. Rd: nur fM häkeln
3.-8. Rd: abwechselnd 1 Dstb und 1 Lm häkeln
9. Rd: abwechselnd *2 Dstb zushäkeln, 1 Lm, 1 Dstb, 1 Lm, ab * stets wdh
10. Rd: abwechselnd *2 Dstb zushäkeln, 1 Lm, ab * stets wdh
11. Rd: jeweils 2 Dstb zushäkeln (ohne Lm dazwischen)
12. Rd: jeweils 2 fM zushäkeln, bis die Mütze geschlossen ist

Schlaufen

Nun mit Micro Color in Wüste Schlaufen an die Mütze häkeln. Dafür zwischen die ersten 2 Dstb (3. R) 1 fM aus Micro Color häkeln, dann *20 Lm häkeln und wieder eine fM zwischen das folgende Dstb arbeiten. Ab * wdh, bis zwischen jedem Dstb eine Lm-Schlaufe mit einer fM befestigt ist, so dass zum Schluss die gesamte Mütze mit Schlaufen bedeckt ist.

Rand

Aus Micro Color in Wüste einen Rand an die Mütze häkeln. Von der linken Seite ausgehend 88 fM in die Mütze häkeln und weitere 9 Rd fM häkeln. Den Rand nach außen schlagen und mit Micro Color annähen. Die Brosche am Mützenrand befestigen.

Tipp: Sie können die Mütze auch mit einer Brosche, einer Haarspange, Perlen, Stoffblüten oder Pailletten verzieren. Achten Sie aber darauf, dass die Verzierung ein wenig über den Häkelrand hinausragt, weil auf diese Weise der 20er-Jahre-Stil am besten zur Geltung kommt.

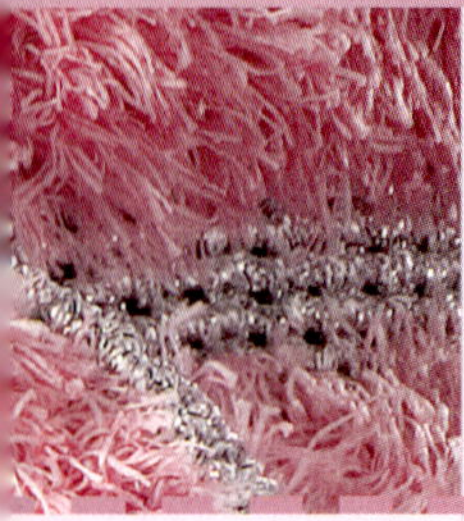

Pretty in Pink

→ unbeschreiblich weiblich

KOPF-UMFANG
ca. 59 cm

MATERIAL
- Schachenmayr Cassiopeia in Pink (Fb 36), 100 g
- Anchor Arista in Silber (Fb 301), 50 g
- Häkelnadel Nr. 3 und 6
- Anstecknadel

Mütze

Mit Häkelnd Nr. 6 und Cassiopeia in Pink 64 Lm anschl und zum Ring schließen.
1.-14. Rd: nur fM häkeln
15.+16. Rd: abwechselnd 3 fM häkeln, dann 2 M zushäkeln (Am Ende der 16. Rd = 42 M)
17.-20. Rd: abwechselnd 2 fM häkeln, dann 2 M zushäkeln (Am Ende der 20. Rd =14 M)
ab 21. Rd: immer 2 M zushäkeln, bis die Mütze geschlossen ist.

Tipp: Weil bei diesem Garn das Maschenbild nicht gut erkennbar ist, sollten die M immer mitgezählt werden, um die Handarbeit zu überprüfen. Außerdem wird das Häkeln sehr erleichtert, wenn die Handarbeit vor eine helle Lampe gehalten wird, da auf diese Weise das Maschenbild sichtbar ist.

Hutband und Krempe

Mit Häkelnd Nr. 3 und doppeltem Faden Anchor Arista in Silber das Hutband anhäkeln. Dafür von der rechten Seite ausgehend 80 fM in den Mützenrand häkeln und 7 Rd fM häkeln.
Dann die Krempe mit Häkelnd Nr. 6 und Cassiopeia in Pink anhäkeln. Zunächst von der rechten Seite ausgehend 120 fM in das Hutband häkeln und noch 6 Rd fM häkeln.
Nun noch mit Häkelnd Nr. 3 und doppeltem Faden aus Anchor Arista in Silber einen Rand in Silber an die Krempe häkeln.
1. Rd: in jede M der Krempe 2 fM häkeln (= 240 M)
2.+3. Rd: nur fM häkeln

Fertigstellen

Den Rand zur Hälfte umschlagen und mit einem Faden Anchor Arista annähen. Die Krempe nach Belieben hochschlagen und mit der Ansteckndl fixieren.

Blondinen bevorzugt

→ so angelt man sich einen Millionär

KOPF-UMFANG
ca. 58 cm

MATERIAL
- Schachenmayr Extra Merino in Sonne (Fb 23), 200 g
- Schachenmayr Brazilia Color in Vesuv (Fb 122), 50 g
- Häkelnadel Nr. 3 und 5
- Stecknadeln mit großen Köpfen
- Styropor-Perückenkopf (Friseur)
- lange Stopfnadel

SCHEMA-ZEICHNUNG AUF DER UMSCHLAG-KLAPPE

Tipp: Fragen Sie bei Ihrem Friseur oder im Fachhandel für Toupet- und Haarteile nach einem Perückenkopf.

Übersicht der einzelnen Arbeitsschritte

- Häkeln der Basismütze
- Mittelscheitel ermitteln und mit Fäden markieren (= orange)
- Lm-Haare um den gesamten Mützenrand arbeiten (= lila)
- Hinreihe: Lm-Haare entlang des Mittelscheitels (= grün) anhäkeln
- Rückreihe: Lm-Haare entlang des Mittelscheitels (= rot) anhäkeln
- Zöpfe abbinden
- Fixieren der Lm-Haare an der Basismütze
- Rand aus Brazilia Color anhäkeln
- Zopfspangen aus Brazilia Color arbeiten

Basismütze

Für die Basismütze mit Häkelnd Nr. 3 und Extra Merino in Sonne 100 Lm anschl und zum Ring schließen (vgl. dazu die Häkelschrift S. 20).
1.-3. Rd: nur fM häkeln
4. Rd: zuerst 4 Lm häkeln, dann abwechselnd 1 Dstb und 1 Lm häkeln (zwischen den Dstb immer 1 M der vorherigen Rd überspringen, damit nicht ungewollt M zugenommen werden). Um die Rd zu schließen, 1 Lm häkeln und in die 3. Lm (vom Anfang) 1 Km arbeiten.

Hinweis: Die Anzahl der Dstb sollte gerade sein, um später den Mittelscheitel korrekt ermitteln zu können.

5.-10. Rd: zuerst 4 Lm häkeln, dann abwechselnd 1 Dstb und 1 Lm häkeln (das Dstb immer in das Dstb der vorherigen Rd stechen – nicht in die Lm)
11. Rd: 4 Lm häkeln, dann abwechselnd *1 Dstb , 1 Lm , 2 Dstb zushäkeln, 1 Lm häkeln, ab * wdh
12. Rd: 4 Lm häkeln, dann abwechselnd *2 Dstb zushäkeln und 1 Lm häkeln und ab * wiederholen
13. Rd: 4 Lm häkeln, dann jeweils 2 Dstb zushäkeln
14. Rd: in jede M 1 Km häkeln
ab 15. Rd: in jede 2. M 1 Km häkeln, bis die Mütze geschlossen ist.

Mittelscheitel ermitteln

Um den Mittelscheitel zu ermitteln mit Kontrastfäden einen Mittelscheitel auf der Basismütze markieren. Für die rückwärtige Seite der Mütze werden die gut sichtbaren Lm-Ketten als Mittelscheitel genommen. Der Mittelscheitelverlauf im Vorderteil wird durch Abzählen der Dstb ermittelt. Die Mitte am Oberkopf wird auch markiert.

WEITERFÜHRUNG

Blondinen bevorzugt

Haare am Mützenrand anhäkeln

Mit Häkelnd Nr. 3 und Extra Merino in Sonne die Haare häkeln. Sie werden aus Lm-Ketten gemacht. Jede Lm-Kette besteht aus 150 Lm. Am Mützenrand in der hinteren Mitte beginnen. Dazu von außen die Häkelnd dort einstechen, wo sich die erste übersprungene M des Mützenrandes befindet und 1 Km häkeln (s. rote Markierung in der Häkelschrift bzw. schwarze Markierung in der Schemazeichnung).

Jetzt 150 Lm häkeln und wieder eine Km in den Mützenrand arbeiten (s. lilafarbene Markierung in der Häkelschrift, In der Schemazeichnung als X dargestellt). Also immer zwischen die Dstb 1 Km häkeln.

So weiter verfahren, bis der gesamte Mützenrand mit Lm-Ketten versehen ist. Ist die letzte Km gearbeitet (s. blaue Markierung in der Häkelschrift), den Faden nicht abschneiden, weil mit ihm weitergehäkelt wird (s. Mittelscheitel 1. Arbeitsgang: Hinr).

Tipp: Bevor man mit dem Mittelscheitel beginnt, die bereits fertigen Lm-Haare rechts und links locker zusnehmen und abbinden, damit die Lm-Haare sich beim Arbeiten des Mittelscheitels nicht verheddern und das weitere Häkeln behindern.

Mittelscheitel

1. Arbeitsgang: Hinreihe

150 Lm häkeln und eine Km lt. Markierungsfäden in die ersten 4 Lm häkeln (s. grüne Markierung in der Häkelschrift). Wieder 150 Lm häkeln und dann eine Km in die nächsten markierten 4 Lm arbeiten (s. gelbe Markierung in der Häkelschrift).

Auf diese Weise den gesamten Mittelscheitel mit Lm-Haaren versehen. Auf dem Mittelpunkt der Mütze ebenfalls 1 Km einarbeiten. Beim vorderen Mützenteil werden die Km in die markierten Dstb gearbeitet. Ist die Hinr beendet, wird der Faden wieder nicht abgeschnitten, weil er für die Rückr weiter verwendet wird.

Tipp: Hat man die 1. Mittelscheitelreihe (= Hinr) beendet, sollte man diese fertige Seite wieder provisorisch zusbinden (mit den Haaren vom Mützenrand).

2. Arbeitsgang: Rückreihe

Für die Rückr wird die Mütze um 180° gedreht und auf dieselbe Art verfahren wie auf der Hinr. Dabei werden die Km wieder in dieselben Markierungen gehäkelt wie in der Hinr. Allerdings genau neben die vorherigen Km. Bei diesem Arbeitsgang werden auch gleich die Markierungsfäden entfernt. Die vorletzte Km der Rückr (s. Häkelschrift Markierung in Orange) wird lt. Markierungsfaden direkt neben die 1. Km der Hinr gehäkelt (s. Markierung in Grün). Die letzte Km wird in die 1. Km (s. Häkelschrift Markierung in Rot) gehäkelt. Faden abschneiden.

Zöpfe abbinden

Die Mütze auf einen Styropor-Perückenkopf setzen und am Mützenrand gut mit Steckndm befestigen, damit sie während des folgenden Bindens der Zöpfe nicht abrutscht.

Dafür die einzelnen Lm-Ketten auf beiden Seiten des Mittelscheitels ordentlich zu Zöpfen zuslegen (nicht zu straff ziehen) und mit einem ca. 50 cm langen Faden aus Extra Merino in Sonne mehrfach umwickeln und verknoten (Fäden hängen lassen). Bei Bedarf können jetzt noch einige Lm-Ketten korrigiert bzw. etwas glatt gezogen werden. Sind alle Lm-Haare geordnet, werden die vorher hängen gelassenen Fäden mit einer längeren Stopfnafel durch den abgebundenen Zopf mehrfach genäht, bis beide Fäden verarbeitet sind. Dadurch kann der Zopf nicht mehr verrutschen und keine Lm-Kette herausgezogen werden.

Achtung: Die Zopf-Frisur muss locker gearbeitet werden, damit die Mütze nicht ihre Form verliert und dann evtl. nicht mehr passt.

Fixieren der Haare an der Basismütze

Zum weiteren Fixieren der Frisur werden nun möglichst viele einzelne Lm-Ketten mit Rückstichen an der Mütze festgenäht. Dabei darf der Faden wieder nicht fest angezogen werden. Je mehr Lm-Ketten fixiert werden, desto korrekter bleibt die Frisur erhalten und ist unempfindlicher im Gebrauch und beim Waschen.
Dieser Arbeitsgang sollte gleichzeitig dazu genutzt werden, alle Lm-Ketten, die festgenäht werden, so zu drehen, dass die herzförmigen Lm nach oben zeigen. Dann sehen die Lm-Ketten wie richtige kleine Zöpfchen aus.

Rand

Mit Häkelnd Nr. 5 und Brazilia Color in Vesuv einen Rand anhäkeln. Dafür von der rechten Seite ausgehend 100 fM in den Rand häkeln und weitere 6 Rd fM häkeln. Den Rand nach außen schlagen und mit Extra Merino in Sonne annähen.

Zopfspangen

Jetzt werden die abgebundenen Zöpfe mit einem Rest Brazilia Color in Vesuv mehrfach umwickelt, verknotet und die Fäden wieder durch den Zopfansatz vernäht.
Alle Stecknd entfernen.

ZEICHENERKLÄRUNG

- ○ = 1 Lm
- • = 1 Km
- X = 1 fM
- Ŧ = 1 Dstb
- = 2 zus abgemaschte Dstb
- * = Anfangsmasche

FARBENERKLÄRUNG

- ● = hier wird die 1. Km für die Frisur (= Haare aus Lm-Ketten häkeln) und auch die letzte Km der Frisur gehäkelt
- ● = letzte Km für die Umrundung des Mützenrandes mit Lm-Ketten
- ● = hier wird die 1. Km der Hinr für die Frisur gehäkelt
- ● = vorletzte Km der Rückr (die letzte Km wird in ● gearbeitet
- ● = die Km für die Umrundung des Mützenrandes mit Lm-Ketten werden immer zwischen die Dstb gehäkelt
- ● = hier sitzt die 2. Km der Hinr für die Frisur (= Lm-Ketten)

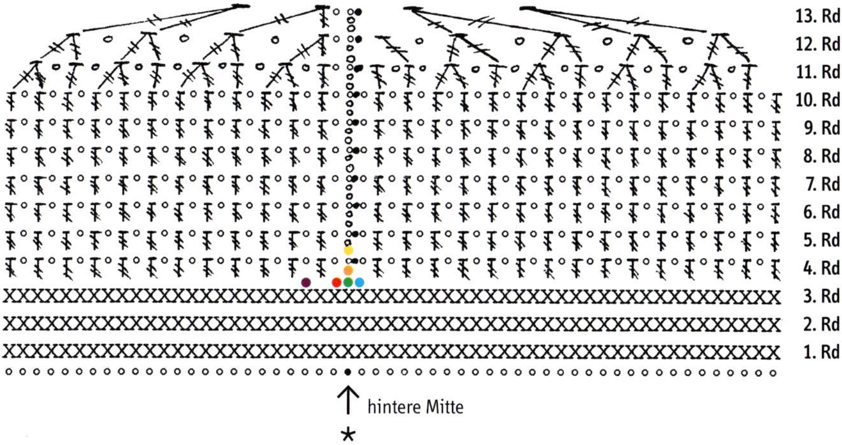

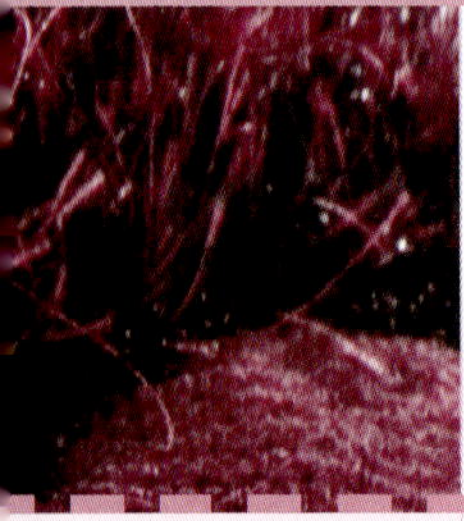

Edel-Punk

→ schnelles Irokesen-Styling

KOPF-UMFANG
ca. 58 cm

MATERIAL
- Schachenmayr Extra Merino in Kardinal (Fb 32), 100 g
- Schachenmayr Brazilia Lungo in Traube (Fb 249), 50 g
- Schachenmayr Brazilia Lamé in Schwarz (Fb 85), 50 g
- Häkelnadel Nr. 3, 5 und 6

Mütze

Mit Häkelnd Nr. 3 und Extra Merino in Kardinal 95 Lm anschl und zum Ring schließen.
1.-23. Rd: fM häkeln
24.-33. Rd: abwechselnd 6 fM häkeln, dann 2 fM zushäkeln. Am Ende der 33. Rd. = 28 M
34. Rd: abwechselnd 2 fM häkeln, dann 2 fM zushäkeln = 21 M
ab 35. Rd: jeweils 2 fM zushäkeln, bis die Mütze geschlossen ist.

Mittelteil

Mit Häkelnd Nr. 6 und doppeltem Faden aus Brazilia Lamé in Schwarz und Brazilia Lungo in Traube häkeln. Dafür 40 Lm anschlagen und 10 R fM häkeln.

Rand

Mit Häkelnd Nr. 5 und doppeltem Faden aus Brazilia Lamé in Schwarz und Extra Merino in Kardinal von der linken Seite ausgehend 63 fM in den Rand häkeln (= abwechselnd 2 fM häkeln, dann 1 fM überspringen). Noch 4 Rd fM häkeln.

Fertigstellung

Das Mittelteil so über die Mütze legen, dass die beiden schmalen Seiten jeweils an dem angehäkelten Rand anliegen. Das Mittelteil zuerst heften und mit Extra Merino an die Mütze nähen.

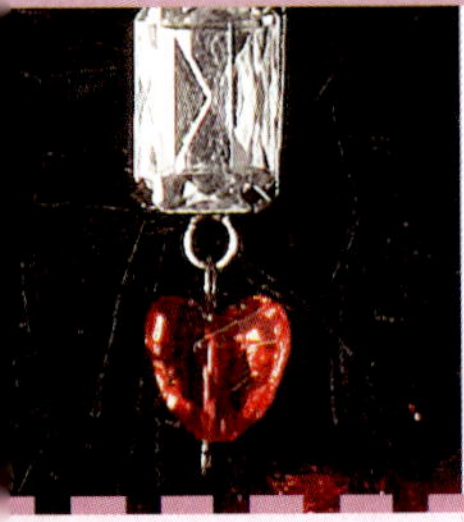

Die letzte Zarin

→ gewohnt glamourös

KOPF-UMFANG
ca. 60 cm

MATERIAL

- Schachenmayr Federo in Schwarz (Fb 99), 200 g
- Schachenmayr Brazilia Lamé in Rot (Fb 84), 50 g
- Häkelnadel Nr. 4 und 8
- 1 Stück Schaumgummi, 1 cm dick, ø 19,5 cm
- Anstecknadel oder Perlen
- Pappe für den Pompon

Mittleres Mützenteil

Zunächst für das Mittelteil mit Häkelnd Nr. 8 und Federo in Schwarz 45 Lm anschl und zum Ring schließen und 13 Rd nur fM häkeln.

Oberes Mützenteil

Für das obere Mützenteil mit Häkelnd Nr. 8 und Federo in Schwarz 4 Lm anschlagen und zum Ring schließen.
1. Rd: 9 fM in den Ring häkeln und in Spiral-Rd weiterhäkeln (den Rd-Anfang mit einem Kontrastfaden markieren).
2.-4. Rd: abwechselnd 1 fM häkeln, dann 1 M zun (= 2 fM in 1 M häkeln). Am Ende der 4. Rd = 28 M
5. Rd: abwechselnd 2 fM häkeln, dann 1M zun (= 37 M)
6.+7. Rd: nur fM häkeln

Hinweis: Beide Mützenteile wenden, so dass die Innenseite außen ist, weil diese Seite flauschiger ist.

Zusammenfügen der Teile

Mittleres und oberes Mützenteil werden mit Häkelnd Nr. 4 und Brazilia Lamé in Rot zusgehäkelt. Die beiden Teile werden von außen zusgehäkelt, indem in jede fM aus Federo 2 fM aus Brazilia Lamé gehäkelt werden. Darauf achten, dass jeweils die flauschigere Seite der gehäkelten Teile außen ist.

Rand

Nun einen Rand mit Häkelnd Nr. 4 und Brazilia Lamé in Rot anhäkeln. Dafür von der rechten Seite aus 90 fM in den unteren Mützenrand häkeln (= jeweils 2 fM aus Brazilia Lamé in 1 M aus Federo häkeln) und weitere 4 Rd nur fM häkeln. Den Rand nach außen schlagen und mit Brazilia Lamé annähen.

Pompon

Zum Schluss aus Brazilia Lamé in Rot einen Pompon von ca. 10 cm ø anfertigen und mittig auf das obere Teil der Mütze nähen.

Fertigstellen

Zur Stabilisierung und Betonung der graphischen Mützenform wird ein runder Schaumgummi- oder Pappdeckel (ø 19,5 cm) in die Mütze gelegt. Die Brosche an die vordere Mitte der Mütze stecken oder Perlen annähen.

Tipp: Statt der Anstecknadel können auch größere Glitzerperlen aufgenäht werden.

Ins Netz gegangen

→ luftiger Chic für edle Abende

KOPF-UMFANG
ca. 59 cm

MATERIAL

- Schachenmayr Scala New in Flieder Color (Fb 99), 50 g
- Schachenmayr Cassiopeia in Schwarz (Fb 99), 50 g
- Häkelnadel Nr. 5 und 6

Mütze

Mit Häkelnd Nr. 6 und Scala New in Flieder Color 58 Lm anschl und zum Ring schließen.
1.-17. Rd: fM häkeln
18.+19. Rd: abwechselnd 3 fM häkeln, dann 2 fM zushäkeln. Am Ende der 19. Rd = 38 M
20.+21. Rd: abwechselnd 2 fM häkeln, dann 2 fM zushäkeln. Am Ende der 21. Rd = 22 M
ab 22. Rd: immer 2 fM zushäkeln, bis die Mütze geschlossen ist.

Umschlag

Mit Häkelnd Nr. 5 und Cassiopeia in Schwarz einen Umschlag an die Mütze häkeln. Dafür 52 fM von der rechten Seite aus in den Rand der Basismütze häkeln und weitere 9 Rd fM häkeln. Den Rand nach außen schlagen und mit Cassiopeia locker an die Mütze nähen.

Die Farbe Lila

→ mit Schirm, Charme und Durchblick

KOPF-UMFANG
ca. 58 cm

MATERIAL
- Schachenmayr Sympatic in Esprit Color (Fb 180), 100 g
- Schachenmayr Glanzperle in Lila (Fb 1430), 50 g
- Häkelnadel Nr. 3
- Pappe für den Pompon

Stirnband und Schirm

Für das Stirnband mit Häkelnd Nr. 3 und Sympatic in Esprit Color 90 Lm anschl und zum Ring schließen und 11 Rd fM häkeln. Dann mit Häkelnd Nr. 3 und Sympatic in Esprit Color den Schirm an das Stirnband häkeln.
1. R: in jede M des Stirnbandes 2 fM häkeln, bis 64 fM entstanden sind
2.-12. R: jeweils am Anfang und am Ende jeder R 1 M abn (also pro R werden 2 M abgenommen), bis nur noch 42 M stehen bleiben
Nun werden Rand und Schirm umhäkelt: Mit Häkelnd Nr. 3 und Glanzperle in Lila 2 Rd fM um den Stirnbandrand und den Schirm häkeln (bei Innenecken = 2 M zushäkeln).

Kopfbänder (2x häkeln)

Mit Häkelnd Nr. 3 und Sympatic in Esprit Color 40 Lm anschlagen und 6 R fM häkeln.

Pompon

Einen Pompon von ca. 10 cm Durchmesser aus Glanzperle in Lila anfertigen.

Fertigstellen

Zum Schluss die Bänder an das Stirnband nähen: Von beiden Bändern die Mitte ermitteln, kreuzweise übereinander legen und mit Sympatic zusnähen (= obere Mitte). Dieses Kreuz (aus den 2 Bändern) wie auf dem Foto an das Stirnband nähen. Dazu wird das Stirnband von der Schirmmitte ausgehend durch Abzählen der M oder Knicken des Bandes in 4 gleiche Teile geteilt. Diese Stellen mit Kontrastfäden markieren. Die 4 Bänder jeweils mittig und knappkantig an die markierten Stellen mit Sympatic nähen.
Mit Häkelnd Nr. 3 und Glanzperle in Lila alle Innenkanten mit 2 R fM umhäkeln (bei innen liegenden Ecken = 2 fM zushäkeln). Schließlich noch den Pompon auf die obere Mitte nähen.

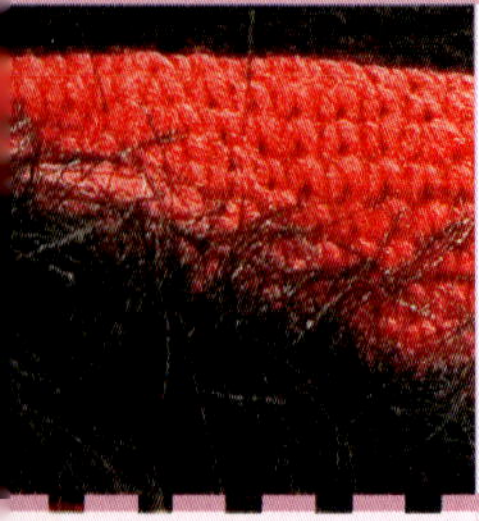

Casino Royale

→ alles auf Rot!

KOPF-UMFANG
ca. 58 cm

MATERIAL
- Schachenmayr Extra Merino in Schwarz (Fb 99), 150 g und in Feuer (Fb 30), 50 g
- Schachenmayr Federo in Tomate (Fb 30), 100 g
- Schachenmayr Brazilia Lungo in Schwarz (Fb 99), 50 g
- Häkelnadel Nr. 3 und 6
- Styropor-Perückenkopf

SCHEMA-ZEICHNUNG AUF DER UMSCHLAG-KLAPPE

Basismütze

Mit Häkelnd Nr. 3 und Extra Merino in Schwarz 100 Lm anschl und zum Ring schließen.

1.-27. Rd: nur fM häkeln
28. Rd: abwechselnd 3 fM häkeln, dann 2 fM zushäkeln (= 80 M)
29. Rd: nur fM häkeln
30. Rd: abwechselnd 3 fM häkeln, dann 2 fM zushäkeln (= 64 M)
31. Rd: nur fM häkeln
32. Rd: abwechselnd 3 fM häkeln, dann 2 fM zushäkeln (= 52 M)
33. Rd: nur fM häkeln
34. Rd: abwechselnd 3 fM häkeln, dann 2 fM zushäkeln (= 42 M)
35. Rd: nur fM häkeln
36. Rd: abwechselnd 3 fM häkeln, dann 2 fM zushäkeln (= 34 M)
37. Rd: nur fM häkeln
38.+39. Rd: abwechselnd 2 fM häkeln, dann 2 fM zushäkeln (= 20 M)
40. Rd: abwechselnd 1 fM häkeln, dann 2 fM zushäkeln (= 14 M)
ab 41. Rd: immer 2 fM zushäkeln, bis die Mütze geschlossen ist

Tipp: Den Beginn der Rd mit einem Kontrastfaden markieren, damit erkennbar ist, wann die nächste Rd beginnt.

Fransenrand

Den Fransenrand mit Häkelnd Nr. 6 und Federo in Tomate von rechts an die Basismütze häkeln, dann sind die Fransen des Effektgarnes durch das Häkeln bedingt auf der richtigen Seite.

1. Rd: in den Rand der Basismütze 52 fM häkeln.
2.+3. Rd: nur fM häkeln
Den angehäkelten Rand nach außen schlagen und mit Extra Merino in Schwarz annähen.

Krempe (2x häkeln)

Mit Häkelnd Nr. 3 jeweils eine Krempe aus Extra Merino in Schwarz und eine Krempe aus Extra Merino in Feuer häkeln. Dafür jeweils 100 Lm anschlagen und zum Ring schließen.

1. Rd: abwechselnd 2 fM häkeln, dann 1 M zun (= 2 fM in eine M häkeln) = 133 M
2. Rd: nur fM häkeln
3. Rd: abwechselnd 5 fM häkeln, dann 1 M zun (= 155 M)
4. Rd: nur fM häkeln
5. Rd: abwechselnd 10 fM häkeln, dann 1 M zun (= 169 M)
6. Rd: nur fM häkeln
7. Rd: abwechselnd 15 fM häkeln, dann 1 M zun (= 179 M)
8. Rd: nur fM häkeln
9. Rd: abwechselnd 15 fM häkeln, dann 1 M zun (= 190 M)
10. Rd: nur fM häkeln

WEITERFÜHRUNG
Casino royale

11. Rd: abwechselnd 17 fM häkeln, dann 1 M zun (= 200 M)
12. Rd: nur fM häkeln
13. Rd: abwechselnd 20 fM häkeln, dann 1M zun (= 209 M)
Faden abschneiden

Fertigstellen

Die beiden Krempen links auf links legen und am äußeren Rand von der roten Seite ausgehend (ergibt eine schönere Optik) mit Häkelnd Nr. 3 und Extra Merino in Schwarz mit 1 Rd fM zushäkeln (= 209 M). Jetzt die inneren Ränder der Krempen mit 2 Rd fM zushäkeln:
1. Rd: abwechselnd 2 fM häkeln, dann 2 fM zushäkeln (= 75 M)
2. Rd: nur fM häkeln

Von der schwarzen Seite aus fM mit Häkelnd Nr. 3 und Brazilia Lungo in Schwarz um den äußeren Krempenrand häkeln.

1.-3. Rd: abwechselnd 15 fM häkeln, dann 1 M zun (= 2 fM in eine M häkeln) (= 249 M).
Zum Schluss mit Extra Merino in Schwarz die Krempe an die Basismütze nähen (s. Schemazeichnung auf der Umschlagklappe). Dazu wird die Basismütze auf einen Styropor-Perückenkopf gesetzt und die Krempe je nach Geschmack leicht schräg platziert. Entweder wird der Sitz der Krempe mit einem Heftfaden markiert und dann an die Mütze genäht oder die Krempe wird direkt auf dem Perückenkopf mit einer Rundnd angenäht.

IMPRESSUM

FOTOS: frechverlag GmbH, 70499 Stuttgart; Fotostudio Ullrich & Co., Renningen
DRUCK: frechdruck GmbH, 70499 Stuttgart

Auflage: 5. 4. 3. 2. 1.
Jahr: 2011 2010 2009 2008 2007 [Letzte Zahlen maßgebend]

ISBN 978-3-7724-6641-0
Best.-Nr. 6641